EL BAJO ELÉCTRICO POR POSICIONES. LIBRO 1

Primera posición

Hiram Gómez Blázquez

CHAVA'S GUITARS

Contents

Introducción

El bajo eléctrico, si bien tiene al contrabajo como antecesor, es un instrumento relativamente nuevo, cuyo nacimiento encontramos en la década del 50 del siglo pasado. Pese a su juventud, existe mucho material para el estudio de éste, sin embargo, **"El bajo eléctrico porposiciones.Libro 1"**propone una modalidad novedosa diseñada específicamente para bajo eléctrico, que facilita su estudio y su ejecución.

"El bajo eléctrico porposiciones.Libro 1"es el primero de una serie de métodos estructurada bajo el criterio de las posiciones. Estudiar siguiendo esta técnica brinda un extenso conocimiento del diapasón; se desarrolla la habilidad de tocar sin mirarlo —excepto en saltos lejanos— y saber, de tiempo completo, la ubicación de todas y cada una de las notas instantáneamente. Además, el hecho de ubicar todas las notas a lo largo del diapasón en todas las posiciones torna la lectura musical mucho más amigable.

El objetivo de **"El bajo eléctrico por posiciones. Libro 1"**—pensado para bajo de 4 cuerdas— es analizar y ubicar las notas únicamente en primera posición (la cantidad de posiciones varía según la cantidad de trastes de cada instrumento).

La primera posición en el bajo eléctrico es, sin duda alguna, la más importante pues permite ejecutar una escala cromática perfecta y unagran cantidad de combinaciones, tanto de escalas como de arpegios,sin necesidad de cambiar de posición. Esto, debido al uso correcto de las notas sueltas (cuerdas al aire). La economía de movimientos a lo largo del diapasón redunda en una disminución de probabilidades de error que todo ejecutante agradece.

A manera de ejemplo, esta técnica permite, tan solo en la primera posición, tocar 10 escalas mayores, así como varias escalas menores (natural, armónica y melódica), 15 triadas mayores, 15 triadas menores, 15 triadas disminuidas, 14 triadas aumentadas, algunos modos griegos, así como arpegios a 4 voces (arpegios de séptima) sin necesidad de cambiar de posición.

Vale la pena aclarar que, en primera posición, hay más posibilidades que las expuestas en este método. Se recomienda que, una vez finalizado el análisis de lo aquí expuesto, se desarrolle la capacidad de analizar para encontrar otras tantas combinaciones que brinda esta posición.

En los métodos subsecuentes, se analizarán las posiciones restantes, desde la segunda hasta la decimosegunda posición —a partir de la decimotercera, se duplica el diapasón, es decir, se repiten las posiciones a partir de la segunda—. A la par, se editará una serie de métodos por posiciones tanto para bajos de 5 como de 6 cuerdas.

Finalmente, el objetivo último de esta serie de métodos es que, al conocer a la perfección el brazo del instrumento por posiciones, el ejecutante sea capaz de tocar de tiempo completo con conocimiento de causa, no solo mover los dedos sobre el diapasón. Ese sería el siguiente paso. ¿Estás listo para dar el siguiente paso?

Hiram Gómez Blázquez

El bajo eléctrico por posiciones

Así como se explicaba, la técnica de ejecución por posiciones tiene diversas ventajas: permite un amplio conocimiento de la ubicación de las notas en el diapasón, economiza movimientos y disminuye la probabilidad de errores, además de facilitar la lectura musical.

Para lograr la primera posición

Los dedos de la mano izquierda se numeran así:

1 – Dedo índice
2 – Dedo medio
3 – Dedo anular
4 – Dedo meñique

El dedo número 1 (índice) de la mano izquierda es el dedo que determina en qué número de posición nos encontramos en el diapasón del bajo eléctrico. Esto es, depende en cuál casilla se encuentra el dedo índice para saber en cuál posición nos encontramos.

Ejemplo: si el dedo 1 se encuentra en la primera casilla, y abrimos los demás dedos para cubrir las primeras 4 casillas, estaremos en primera posición. Si el dedo 1 se encuentra en la segunda casilla, y extendemos los dedos restantes para cubrir las siguientes 3 casillas, estaremos en segunda posición. Y así, sucesivamente.

C =Ami
F = Dmi
Bajo
Bb = Gmi
Eb = Cmi
Ab = Fmi
Db = Bbmi
Gb = Ebmi
Cb = Abmi
G = Emi
D = Bmi
A = F#mi
E = C#mi
B = G#mi
F# = D#min
C# = A#mi

Escala cromática en primera posición

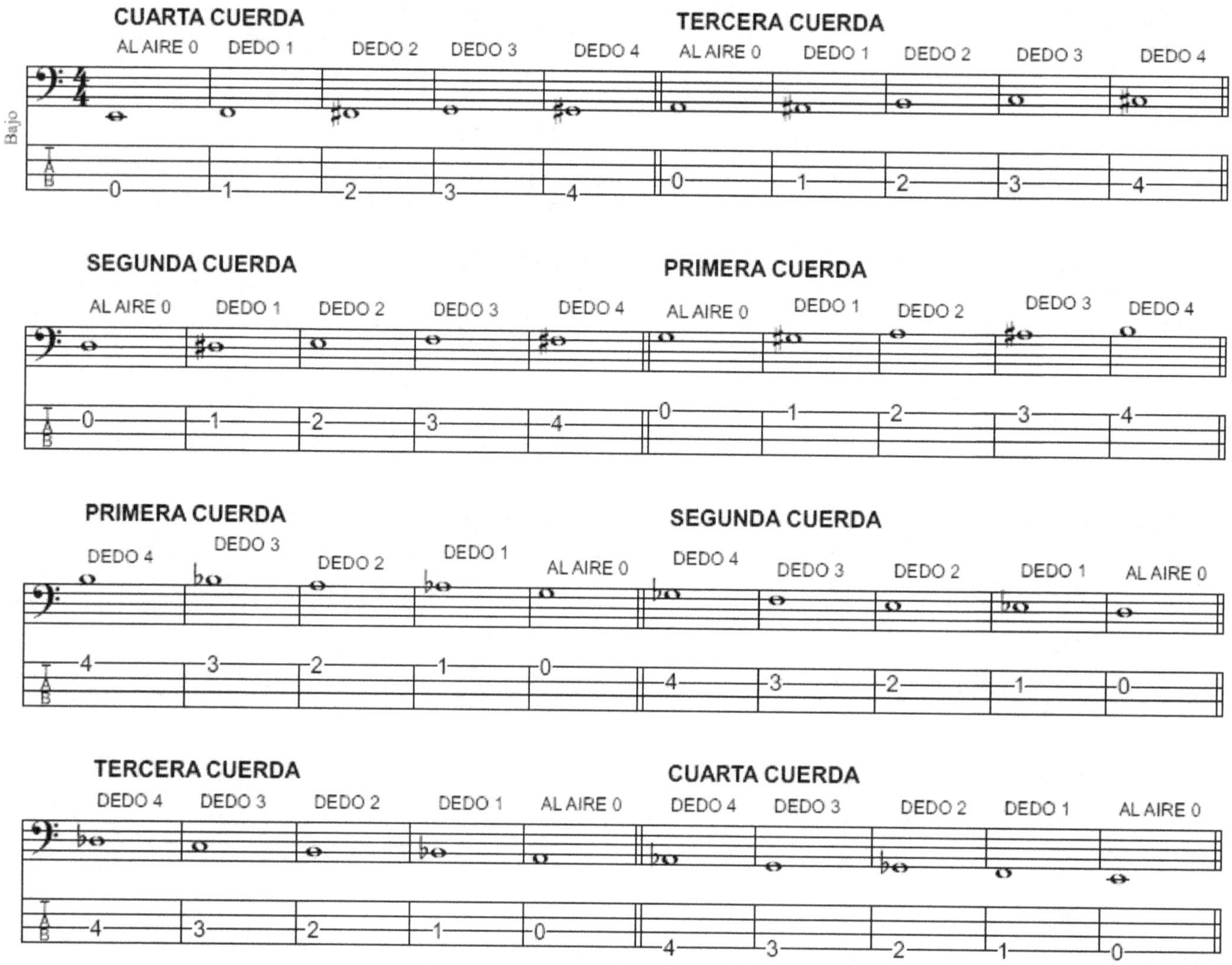

Escala mayor

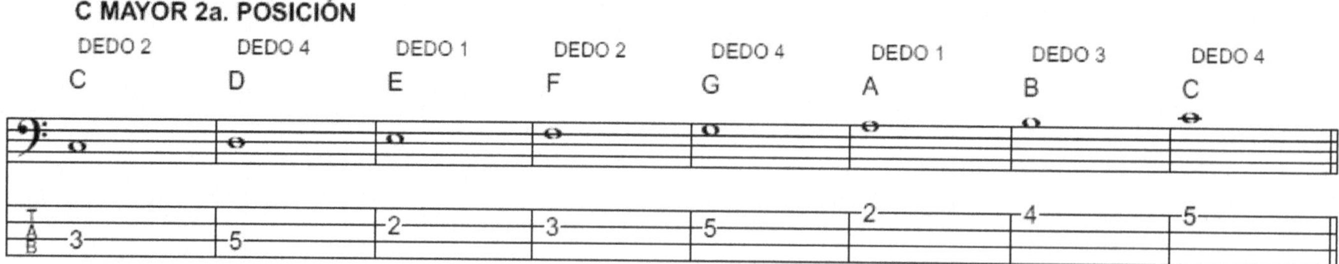

E MAYOR 1a. POSICIÓN
AL AIRE 0   DEDO 2   DEDO 4   AL AIRE 0   DEDO 2   DEDO 4   DEDO 1   DEDO 2
E   F#   G#   A   B   C#   D#   E

F MAYOR 1a. POSICIÓN
DEDO 1   DEDO 3   AL AIRE 0   DEDO 1   DEDO 3   AL AIRE 0   DEDO 2   DEDO 3
F   G   A   Bb   C   D   E   F

F# MAYOR 1a. POSICIÓN
DEDO 2   DEDO 4   DEDO 1   DEDO 2   DEDO 4   DEDO 1   DEDO 3   DEDO 4
F#   G#   A#   B   C#   D#   E#   F#

Gb MAYOR 1a. POSICIÓN
DEDO 2   DEDO 4   DEDO 1   DEDO 2   DEDO 4   DEDO 1   DEDO 3   DEDO 4
Gb   Ab   Bb   Cb   Db   Eb   F   Gb

G MAYOR 1a. POSICIÓN
DEDO 3   AL AIRE 0   DEDO 2   DEDO 3   AL AIRE 0   DEDO 2   DEDO 4   AL AIRE 0
G   A   B   C   D   E   F#   G

Ab MAYOR 1a. POSICIÓN

A MAYOR 1a. POSICIÓN

Bb MAYOR 1a. POSICIÓN

B MAYOR 1a. POSICIÓN

Cb MAYOR 1a. POSICIÓN

MI MAYOR (E)
0   4   2
E   G#   B
FA MAYOR (F)
1   0   3
F   A   C
FA# MAYOR (F#)
2   1   4
F#   A#   C#
SOLb MAYOR (Gb)
2   1   4
Gb   Bb   Db
SOL MAYOR (G)
3   2   0
G   B   D
LAb MAYOR (Ab)
4   3   1
Ab   C   Eb
LA MAYOR (A)
0   4   2
A   C#   E
SIb MAYOR (Bb)
1   0   3
Bb   D   F
SI MAYOR (B)
2   1   4
B   D#   F#
DOb MAYOR (Cb)
2   1   4
Cb   Eb   Gb
DO MAYOR (C)
3   2   0
C   E   G
REb MAYOR (Db)
4   3   1
Db   F   Ab
RE MAYOR (D)
0   4   2
D   F#   A
MIb MAYOR (Eb)
1   0   3
Eb   G   Bb
MI MAYOR (E)
2   1   4
E   G#   B

MI MENOR (Emi)
0 3 2
E G B
150

FA MENOR (Fmi)
1 4 3
F Ab C
151

FA# MENOR (F#mi)
2 0 4
F# A C#
152

SOL MENOR (Gmi)
3 1 0
G Bb D
153

SOL# MENOR (G#mi)
4 2 1
G# B D#
154

LAb MENOR (Abmi)
4 2 1
Ab Cb Eb
155

LA MENOR (Ami)
0 3 2
A C E
156

SIb MENOR (Bbmi)
1 4 3
Bb Db F
157

SI MENOR (Bm)
2 0 4
B D F#
158

DO MENOR (Cmi)
3 1 0
C Eb G
159

DO# MENOR (C#mi)
4 2 1
C# E G#
160

D MENOR (Dmi)
0 3 2
D F A
161

RE# MENOR (D#mi)
1 4 3
D# F# A#
162

MI MENOR (Emi)
2 0 4
E G B
163

164

MI MAYOR 7 (Emaj7)
FA MAYOR 7 (Fmaj7)
FA# MAYOR 7 (F#maj7)
SOLb MAYOR 7 (Gbmaj7)
SOL MAYOR 7 (Gmaj7)
Ab MAYOR 7 (Abmaj7)
LA MAYOR 7 (Amaj7)
SIb MAYOR 7 (Bbmaj7)
SI MAYOR 7 (Bmaj7)
DOb MAYOR 7 (Cbmaj7)
DO MAYOR 7 (Cmaj7)

MI MENOR 7 (Emi7)
0 3 2 0
E G B D
FA MENOR 7 (Fmi7)
1 4 3 1
F Ab C Eb
FA# MENOR 7 (F#mi7)
2 0 4 2
F# A C# E
SOL MENOR 7 (Gmi7)
3 1 0 3
G Bb D F
SOL# MENOR 7 (G#mi7)
4 2 1 4
G# B D# F#
LAb MENOR 7 (Abmi7)
4 2 1 4
Ab Cb Eb Gb
LA MENOR 7 (Ami7)
0 3 2 0
A C E G
LA# MENOR 7 (A#mi7)
1 4 3 1
A# C# E# G#
SIb MENOR 7 (Bbmi7)
1 4 3 1
Bb Db F Ab
SI MENOR 7 (Bmi7)
2 0 4 2
B D F# A
DO MENOR 7 (Cmi7)
3 1 0 3
C Eb G Bb
DO# MENOR 7 (C#mi7)
4 2 1 4
C# E G# B

MI 7 DOMINANTE (E7)
0   4   2   0
E   G#   B   D

FA 7 DOMINANTE (F7)
1   0   3   1
F   A   C   Eb

FA# 7 DOMINANTE (F#7)
2   1   4   2
F#   A#   C#   E

SOLb 7 DOMINANTE (Gb7)
2   1   4   2
Gb   Bb   Db   Fb

SOL 7 DOMINANTE (G7)
3   2   0   3
G   B   D   F

LAb 7 DOMINANTE (Ab7)
4   3   1   4
Ab   C   Eb   Gb

LA 7 DOMINANTE (A7)
0   4   2   0
A   C#   E   G

SIb 7 DOMINANTE (Bb7)
1   0   3   1
Bb   D   F   Ab

SI 7 DOMINANTE (B7)
2   1   4   2
B   D#   F#   A

DO 7 DOMINANTE (C7)
3   2   0   3
C   E   G   Bb

MI MENOR 7(b5) (Em7b5)
0 3 1 0
E G B♭ D
FA MENOR 7(b5) (Fm7b5)
1 4 2 1
F A♭ C♭ E♭
FA# MENOR 7(b5) (F#m7b5)
2 0 3 2
F# A C E
SOL MENOR 7(b5) (Gm7b5)
3 1 4 3
G B♭ D♭ F
SOL# MENOR 7(b5) (G#m7b5)
4 2 0 4
G# B D F#
LA MENOR 7(b5) (Am7b5)
0 3 1 0
A C E♭ G
LA# MENOR 7(b5) (A#m7b5)
1 4 2 1
A# C# E G#
SIb MENOR 7(b5) (Bbm7b5)
1 4 2 1
B♭ D♭ F♭ A♭
SI MENOR 7(b5) (Bm7b5)
2 0 3 2
B D F A
DO MENOR 7(b5) (Cm7b5)
3 1 4 3
C E♭ G♭ B♭
DO# MENOR 7(b5) (C#m7b5)
4 2 0 4
C# E G B

MI DIM. 7 (E°7)
FA DIM. 7 (F°7)
FA# DIM. 7 (F#°7)
SOL DIM. 7 (G°7)
SOL# DIM. 7 (G#°7)
LA DIM. 7 (A°7)
SIb DIM. 7 (Bb°7)
SI DIM. 7 (B°7)
DO DIM. 7 (C°7)
DO# DIM. 7 (C#°7)
RE DIM. 7 (D°7)

MI DIM. (Eø)
0   3   1
E   G   B♭

FA DIM. (Fø)
1   4   2
F   A♭   C♭

FA# DIM. (F#ø)
2   0   3
F#   A   C

SOL DIM. (Gø)
3   1   4
G   B♭   D♭

SOL# DIM. (G#ø)
4   2   0
G#   B   D

LA DIM. (Aø)
0   3   1
A   C   E♭

SIb DIM. (Bbø)
1   4   2
B♭   D♭   F♭

SI DIM. (Bø)
2   0   3
B   D   F

DO DIM. (Cø)
3   1   4
C   E♭   G♭

DO# DIM. (C#ø)
4   2   0
C#   E   G

RE DIM. (Dø)
0   3   1
D   F   A♭

MIb DIM. (Ebø)
1   4   2
E♭   G♭   B♭♭

MI DIM. (Eø)
2   0   3
E   G   B♭

FA DIM. (Fø)
3   1   4
F   A♭   C♭

MI AUG. (E+)
0   4   3
E   G#   B#
FA AUG. (F+)
1   0   4
F   A   C#
FA# AUG. (F#+)
2   1   0
F#   A#   C##
SOL AUG. (G+)
3   2   1
G   B   D#
LAb AUG. (Ab+)
4   3   2
Ab   C   E
LA AUG. (A+)
0   4   3
A   C#   E#
SIb AUG. (Bb+)
1   0   4
Bb   D   F#
SI AUG. (B+)
2   1   0
B   D#   F##
DO AUG. (C+)
3   2   1
C   E   G#
REb AUG. (Db+)
4   3   2
Db   F   A
RE AUG. (D+)
0   4   3
D   F#   A#
MIb AUG. (Eb+)
1   0   4
Eb   G   B

E PENTA. MAYOR
F PENTA. MAYOR
F# PENTA. MAYOR
Gb PENTA. MAYOR
G PENTA. MAYOR
Ab PENTA. MAYOR
A PENTA. MAYOR
Bb PENTA. MAYOR
B PENTA. MAYOR
Cb PENTA. MAYOR

E PENTA. MENOR
0   3   0   2   0
E   G   A   B   D
F PENTA. MENOR
1   4   1   3   1
F   Ab   Bb   C   Eb
F# PENTA. MENOR
2   0   2   4   2
F#   A   B   C#   E
G PENTA. MENOR
3   1   3   0   3
G   Bb   C   D   F
Ab PENTA. MENOR
4   2   4   1   4
Ab   Cb   Db   Eb   Gb
A PENTA. MENOR
0   3   0   2   0
A   C   D   E   G
Bb PENTA. MENOR
1   4   1   3   1
Bb   Db   Eb   F   Ab
B PENTA. MENOR
2   0   2   4   2
B   D   E   F#   A
C PENTA. MENOR
3   1   3   0   3
C   Eb   F   G   Bb

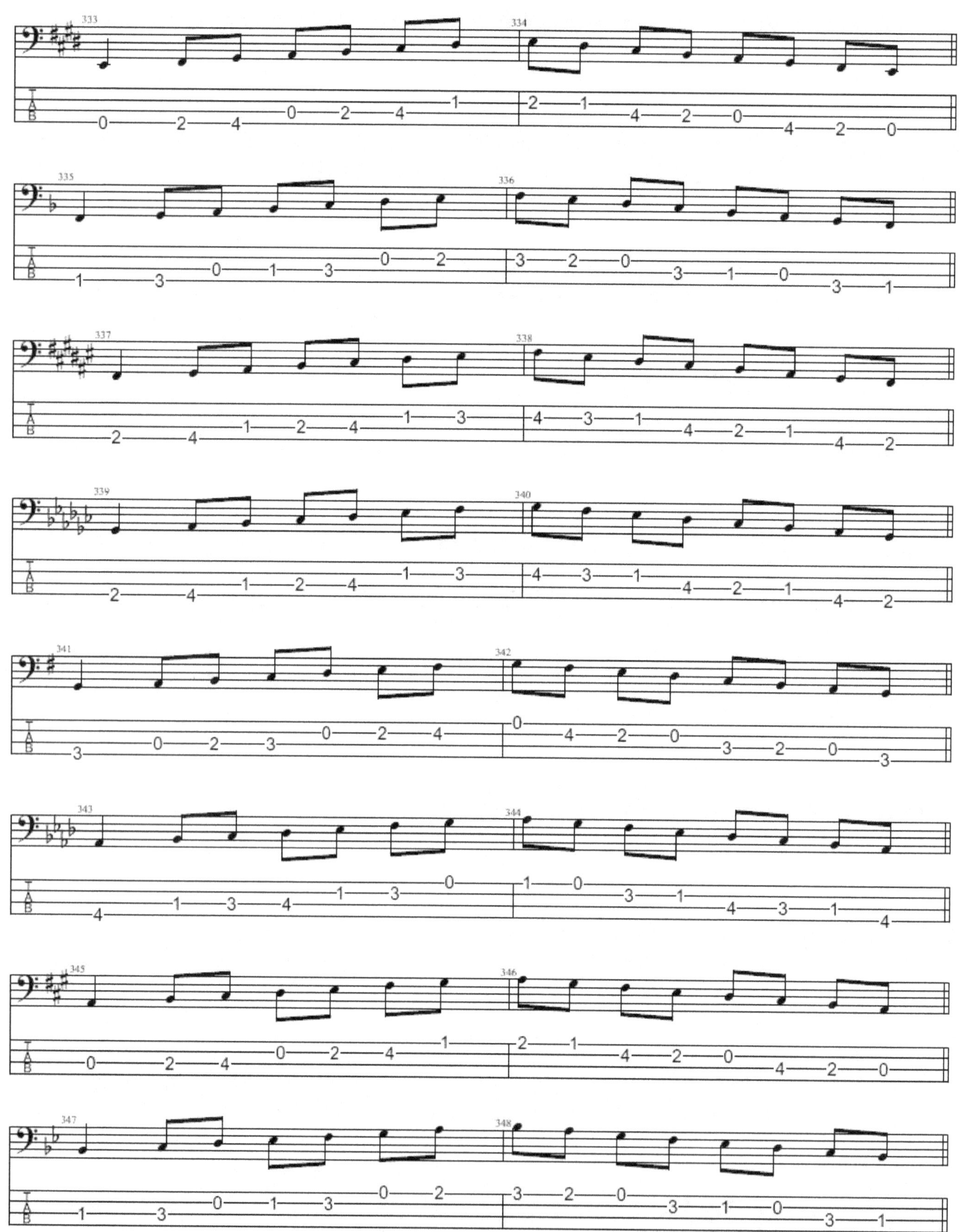

Grupos de 4 notas

Ejercicios en escalas pentatónicas menores

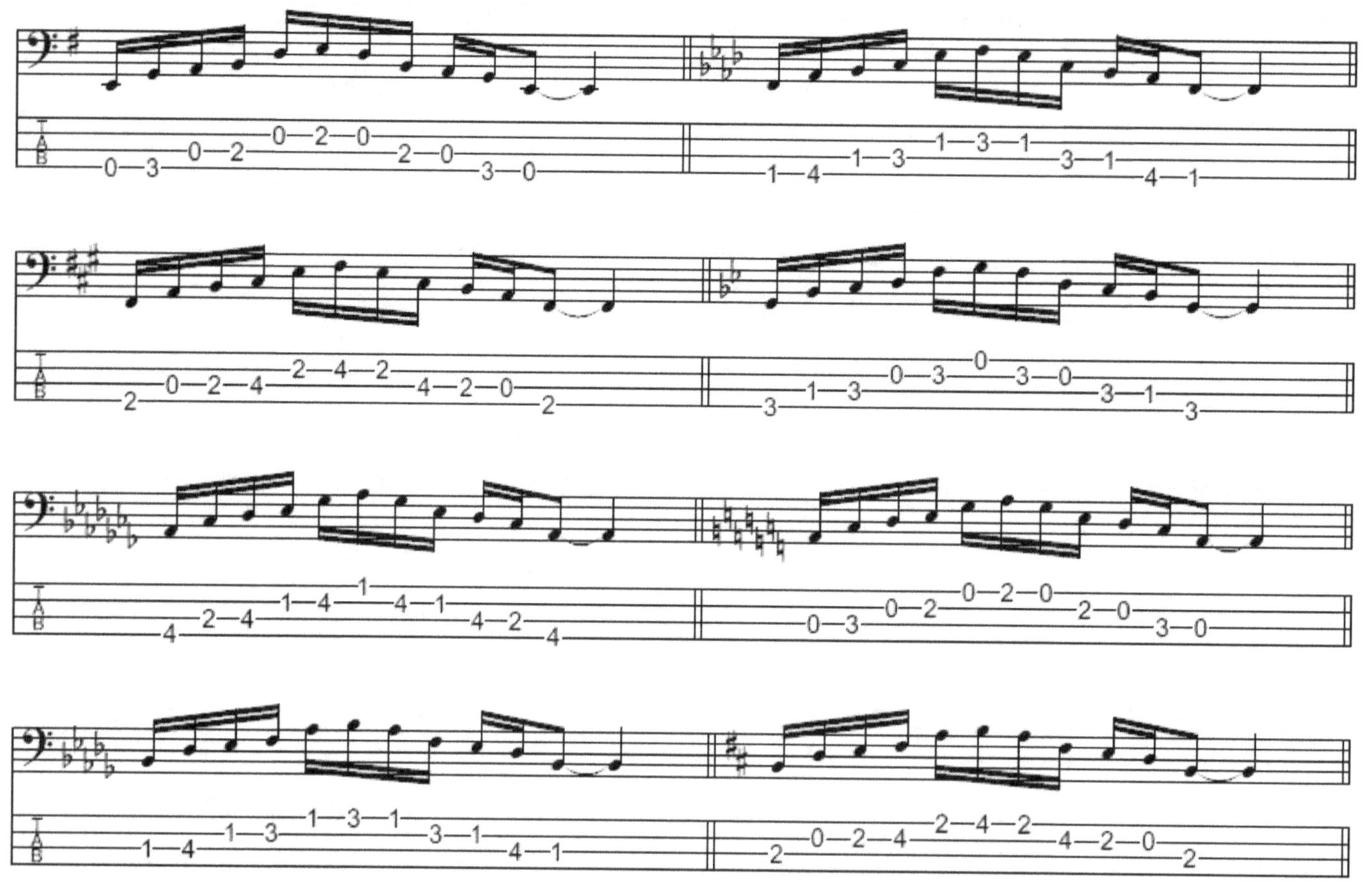

Hiram Gómez Blázquez

Hiram Gómez, bajista, compositor y arreglista. Es reconocido a nivel nacional e internacional como uno de los más destacados bajistas mexicanos de jazz de las últimas tres décadas.

Nace en la Ciudad de México en enero de 1965. A la edad de 7 años comienza sus estudios musicales con maestros particulares y, al mismo tiempo, es bajista de la agrupación musical "Los Hermanos Blázquez" hasta los 13 años.

Aunque de vocación autodidacta, en 1990 concluye el curso de armonía moderna con el profesor Elías Amabilis, graduado del colegio "Dick Grove" de Los Ángeles, California.

En 1982 comienza su trabajo como músico de sesión (grabaciones) con cerca de 300 producciones. Ha tocado con más de 70 cantantes entre quienes destacan Vicky Carr (E.U.A); Luis Miguel, Armando Manzanero, Juan Gabriel, Marco Antonio Muñiz, Lupita D'Alessio, José José, Emmanuel, Don Pedro Vargas (México); Pablo Milanés (Cuba); Willie Colon, Ricky Martin (Puerto Rico); Rocío Dúrcal, Víctor Manuel, Mónica Naranjo, Camilo Sesto (España); Alejandro Lerner (Argentina), Pery Ribeiro (Brasil), Kim Yon Ya (Corea), Regine Velásquez (Filipinas), y muchos artistas más de talla internacional, con quienes ha viajado alrededor del mundo y participado en varias de sus producciones discográficas.

En el ámbito jazzístico, Hiram Gómez ha compartido escenario con músicos tales como Billy Cobham, Paquito De Rivera, Giovanni Hidalgo, Akira Jimbo, Mike Stern, Ivan Lins, George Duke, John Mc Laughlin, Dave Weckl, Al Di Meola, Incógnito, The Manhattan Transfer, Chaka Khan, Chick Corea, Pat Metheny, Virgil Donati, Kenny Garrett, Tower of Power, Eddie Palmieri, Diego "El Cigala", Marcus Miller, Esperanza Spalding, Enrique Nery, Simmon Phillips, Eugenio Toussaint, Paul Gilbert, Ricky Lawson, Rodolfo "Popo" Sánchez, Fernando Toussaint, "Betuco" Arballo, Luis Zepeda, Waldo Madera, Cristóbal López, Carlos Macías, etc.

Se ha presentado en diversos festivales de jazz como el Riviera Maya Jazz Festival, Oasis Jazz U, Festival Internacional de Música Cancún, Festival Internacional de Jazz de Puerto Morelos, Festival Internacional de Jazz de Polanco, Festival de Jazz de Cancún. Representó a México en el Festival Internacional de Jazz de Puerto Príncipe, Haití; entre otros.

Respecto a sus producciones discográficas como solista, en el año 2010 lanza Hold Down The Groove; y en 2014, This Is It.

En su faceta como docente, ha impartido clases de bajo eléctrico, armonía, improvisación y solfeo en la Universidad de la Música G. Martell, en la Academia de Música Fermata, la Escuela Superior de

Composición y Arreglo Musical. (E.S.C.A.M.), México. Además, imparte clases particulares desde hace 30 años; desde hace 10 años, también de manera virtual.

www.hiramgomez.com.mx